내속에 말한마리 살고있었었기

돌보아주는이 없이 멋대로 자라난···

발뒤꿈치

세워놓고

발뒤꿈치, 세워들고

글 정명희 / 그림 박기범

개정판 1쇄 발행 • 2011년 11월 15일

펴낸이　박종렬
펴낸곳　조이어스
주소　서울시 서초구 방배4동 876-24 정다운빌딩
전화　02)534-4082
팩스　02)534-4084
홈페이지　www.joyous.or.kr

등록　제 321-2009-000163 호(2009년 09월 23일)
ISBN　978-89-963224-3-6 (03230)

조이어스미션 출판부는 하나님의 영광을 위하여 살아가는 사람들의 신앙과
삶을 통하여 독자에게 영적인 도전과 영향력을 주는 문화선교를 꿈꿉니다.

*조이어스미션 출판부에서 판매되는 책의 모든 수익은 선교를 위해서 사용됩니다.

차례

나는 간다

나는 간다 예배하러 간다 억눌린 그 땅 일어나라고
나는 간다 예배하러 간다 시든 산천초목 물오르라고
나는 간다 예배하러 간다 골짜기 마른 물 생명수 되라고
나는 간다 예배하러 간다 하늘 문 활짝 열고 아버지 오시라고

나는 간다 살러 간다 얼어붙은 마음에 봄바람 부르러
나는 간다 살러 간다 엉겨 붙은 온 몸 설움 따스이 녹이러
나는 간다 살러 간다 막힌 눈물 구멍 뻥 뚫으러

나는 간다 살러 간다 나의 콩 한쪽 나누어 먹으러
나는 간다 살러 간다 나의 생명 젖줄 나누어 주러
나는 간다 살러 간다 나의 그 나라 활—짝 보여 주러

나는 간다 울러 간다 내 언니 아픔 쓸어 주러
나는 간다 울러 간다 내 동생 설움 대신 하러
나는 간다 울러 간다 내 아버지 대신 통곡하러

나는 간다
예배하러 간다
살러 간다
울러 간다

　지금 저는 20년의 미국에서의 삶을 정리하고 동북아의 한 작은 도시로 이사 와서 살고 있습니다. "하나님께 어떻게 좀 더 가까이 갈 수 있을까?" 고민하며 살던 저희들을 하나님께서는 이곳으로 옮겨 주셨습니다. "내가 인도하는 곳으로 가서 지금 살듯이 살아라"라는 말씀에 저는 편안한 마음으로 순종하여 2011년 여름 선교훈련을 마치고 이곳으로 남편과 함께 왔습니다. 이십년 전 남편의 회사를 통해 미국으로 발령을 받아 이사했듯이, 이제는 하나님으로부터 직접 발령을 받아 이사 온 셈이지요.

　삼십년 전 한국의 작은 도시를 연상케 하는 풍경과 최첨단이 함께 공존하는 아름다운 땅! 그러나 다른 무엇보다도 그 문이 열리는 날 아버지가 그리노 애태우는 아들 딸들을 향해 단숨에 딜려 갈 수 있는 땅이라는 것만으로도 우리의 마음을 넉넉하게 하는 곳입니다. 지금 저희는 이 아름다운 곳에서 하나님을 사랑하는 이들과 함께 살고 있습니다.

　이 곳으로 이사오기 전 세상살이를 정리할 때에 오래 전 두란노 출판사를 통해 발간된 적이 있었던 시집을 다시 만들어 보자고 언니와 동생이랑 상의했었습니다. 그러는 중에 박종렬 목사님을 만나게 되었고, 목사님은 기꺼이 이 시집의 출판을 도와주셨습니다. 이렇게 이 시집이 아름답게 만들어질 수 있도록 많은 사람들과 협력할 수 있는 길을 내어 주셨습니다. 이 글을 통해 박목사님께 진심으로 감사드립니다. 아름다운 그림을 그려주신 박기범 작가님께 감사드립니다. 윤옥인 간사님을 비롯한 모든 조이어스 출판사 편집위원님들께도 감사드립니다.

　늘 저를 위해 안팎으로 수고하며 응원하며 또한 함께 가는 사랑하는 엄마, 언니, 동생... 기도로 밀고 당겨주시는 너무도 많은 분들... 언제나 저를 격려해주는 남편과 사랑하는 두 딸,

　그리고 누구보다도 사랑하는 주님께 깊이 감사를 드립니다.

　이 글을 읽는 여러분께 주님이 주시는 평강의 은혜가 늘 함께 하시기를 기도하며 이 글을 마치고자 합니다.

2011. 10. 8 정한샘

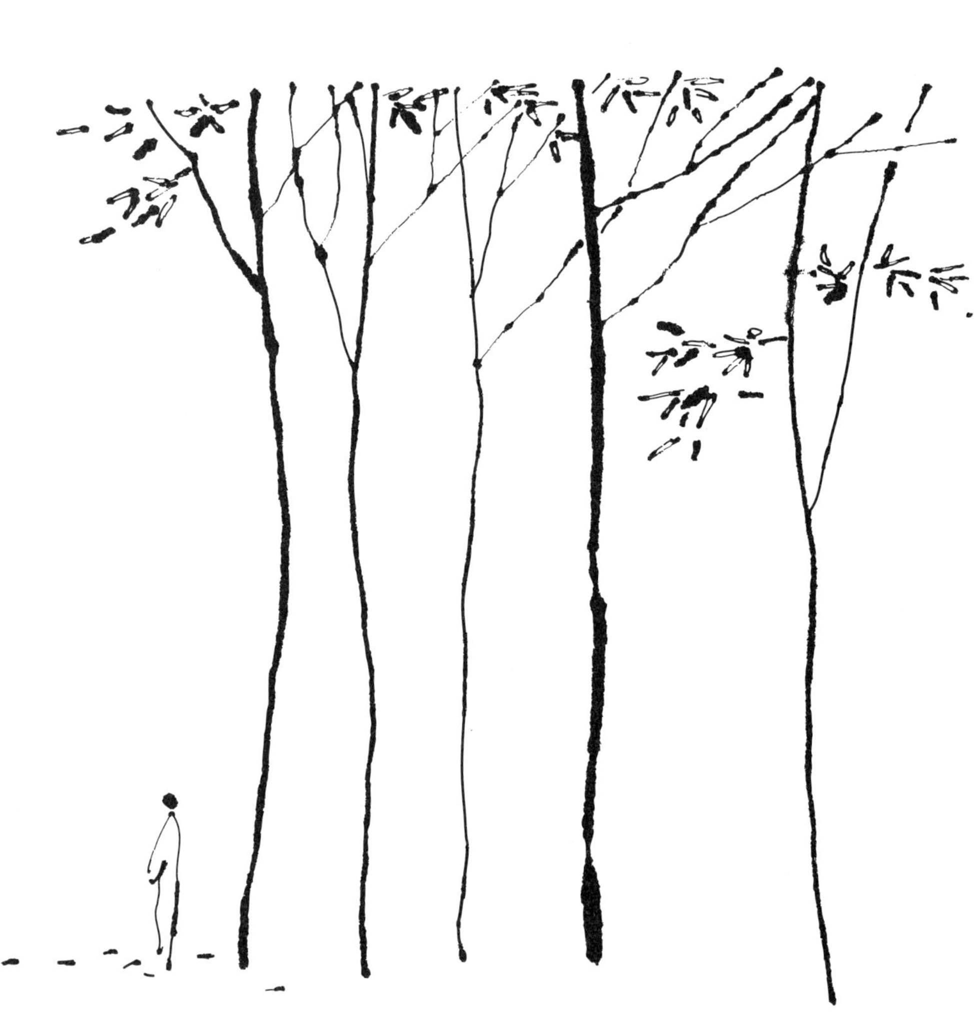

1부 밤수레의 동백

나는 빈 수레

나는 수레
텅 빈 수레
주님 이끄는 대로 굴러만 가는
덜그럭덜그럭 텅 빈 수레

보자기에 꽁꽁 묶인 죄의 짐들을
두 어깨에 메고 머리에 이고
무서운 인파의 피난길에 서서
'이렇게 가야 하나?' 망설이고 있을 때
내 주님 조용히 불러 주셨지
아무도 아무도 모르게

나 소유한 것 너무 많아
주님따라 걸어가기 힘이 들었고
나의 형상 너무 진해
주님 모습 머―얼리 가리웠으나
주님은 언제나 기다리셨지
그리고 조용히 말씀하셨지
"내가 너를 사랑한단다!"

마침내 좁은 주님의 길 가기 위해
모든 짐들 버리기로 작정했으나
내 육신과 묶인 끈은 끊을 수가 없었네
안쓰리운 내 모습 돌아보시며
주님 번쩍 두 손 들어 내 짐 훌훌히 던져 주셨을 때
홀가분히 걸을 수가 있었네

나는 빈 수레가 되기로 결심했네
주님 이끄는 대로 굴러만 가는
때때로 세상 것이 올라와 앉으면
앞서가는 주님 손 기다리면서
자갈밭 모래밭 어디든지 따라가는
덜그럭덜그럭 빈 수레가 되겠네

나 소원한것 너무 많아
주님따라 걸어가기 힘이 들었고
나의 형상 너무 진해
주님 모습 너~ 멀리 가리웠으나
주님은 언제나 기다리셨지

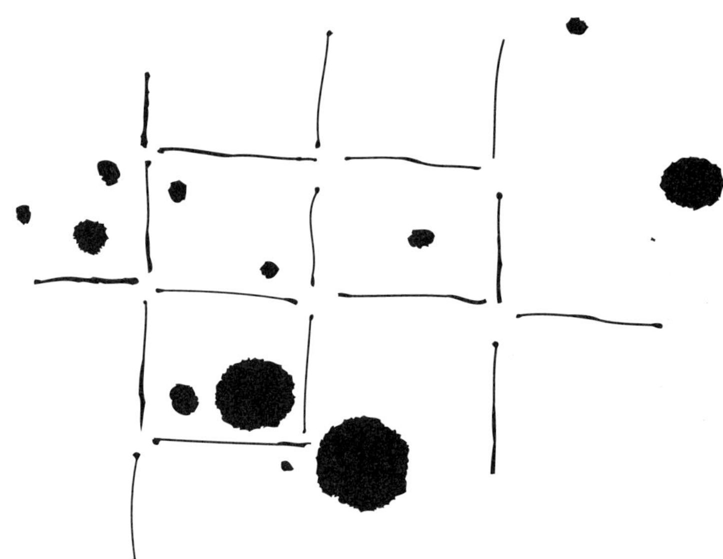

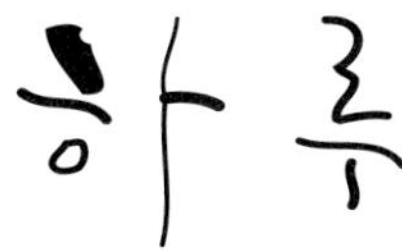

주님과 만나는 환희의 시간
영원의 방에서 주님과 이야기하다 보니
이 세상 시간은 살같이 빠르구나!
세성일들 나를 기다리고 있으나
아! 나는 눈뜨고 싶지 않다!

아이들 버스에 태워 주님의 광장으로 보내어 놓고
남편의 몸 주님에게 잡혔음을 확인하며 배웅하면서
오늘 하루 역사하실 하나님께 감사드린다

멀리 사라지는 자동차를 향해
오른손 높이 들어 흔들면서
사실은 하나님께 찬양드린다
길 건너편 수풀과 파란 하늘 그리고 지나가는 자동차까지
마음으로 모두 묶어 경배시킨다

모든 것이 지나간 집안으로 들어오면
주님 만날 오붓함에 가슴 설렌다
단둘이 만나는 그 현장에선
언제나 눈물의 간구 시켜 주신다

두 눈 감고 주님 향해 영혼의 눈을 뜨면
주님 모습 눈부셔 볼 수 없으나
주님의 앞마당은 늘 볼 수 있다
내 마음에 담겨 있는 영혼들 위해
일하시다 잠시 멈춘 그 흔적들을
그 마당에 보이시어 간구케 하신다
나의 기도 바쁘게 재촉하시며
아름다운 주님의 뜻 이루어 가신다

주님과 짝지어진 나의 영혼은
영원한 미래 향해 달려 나가고
세상의 시간은 아예 잊은 채
주님 하실 그 일에 취하여 있다

따르릉 울리는 전화 벨 소리로
주님 나를 세상으로 가라 하시면
내 영혼은 아쉬움에 섭섭해 하지만
감았던 눈 조심스레 세상 향해 뜨면서
열려진 하루를 시작해 간다

매우 바쁘다

나는 매우 바쁜 사람이다
사람들은 '가정 주부가 뭐에 바쁠까?' 의아해 하지만
가는 시간 흘릴까 나는 늘 동동 뛰며 산다

아침 일찍 남편과 아이들 제 갈 길로 가고 나면
하나님 나라의 일, 그 일들이 궁금하여
내 영혼 손잡고 하늘로 오른다

우리 가족 앞날 위해
하나님의 앞마당에 단단한 집을 짓고
미래를 만들 줄 모르는 주변의 영혼들 위해
하나님이 펼치신 설계도를 바라보며
소망의 집들을 쉴 새 없이 짓는다

나의 소망들이 하늘로 뻗어 있는 믿음의 줄을 타고 위로 올라가면
하나님은 그것들을 아릅답게 빚으시어
이 세상 내 앞으로 내려보내 주신다
내 가슴으로부터 하늘로 연결된 튼튼한 이 믿음의 줄은
올라가는 기도와 내려오는 응답으로 항상 만원이지만
사고 한 번 난 적 없는 일차선 안전길이다

아무도 없는 조용한 시간이면 이 세상의 나는 하늘 일로 바쁘다
사람들은 "시간이 없다"는 나의 말을 이해할 수 없는 눈치지만
세상 사람들에게 나의 일을 설명할 길이 없다

내속에 말한마리 살고있었기
돌보아주는이 없이 맞대로 자라난...

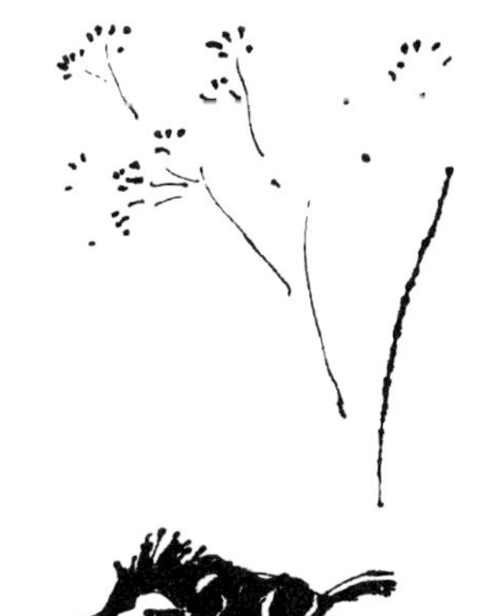

거칠은 말 한 마리

내 속에 말 한 마리 살고 있었네
돌보아 주는 이 없이 멋대로 자라난
거칠은 말 한 마리 살고 있었네

내 육신 날마다 그에게 이끌려
걸으면서 뛰면서 정신없이 지냈네

산다는 것은 이런게 아닐 텐데…
나의 온 길 돌아보며 후회도 했으나
혼자선 감히 어쩔 수가 없었네

3년 전 오월의 그날
메마른 수풀 길을 지친 채 걷다가
저 멀리 그늘의 양 무리를 보았네

그들의 평온함을 바라보면서
기웃기웃 살피고 있을 때
누군가 나를 안아 그 곳으로 데려갔네

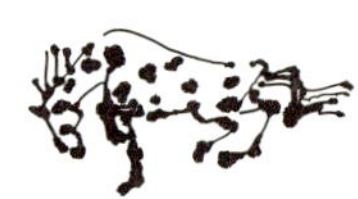

정말 좋았네
정말 좋았네
이 세상에 이런 곳 있는 줄 정말 몰랐었네

끼니마다 먹여 주는 이곳의 양식은
터질 듯이 내 생명에 물오르게 하고
방향 없이 나를 끌던 내 속의 그 말은
시들시들 힘을 잃어 저 구석에 앉아 있네

말과 나를 묶었던 질긴 그 끈은
아직도 내 마음 깊은 마당 한구석에 놓여 있지만
젊은 목자 빛나는 칼로 싹둑 잘라 줄 그날 기다리며
살오르는 내 영혼 신나게 신나게 자라나고 있다네

노란 손수건

남편과 말싸움 벌인 어제 저녁
가슴에 함빡 돋은 바알간 죄성

나는 하나님 그 얼굴 외면한 채 짤막히 인사하고
이불 푹 쓰고 얼른 누웠지
행여나 하나님 내 얼굴 보자 하실까 봐

또다시 시작된 나의 가출 행각
신문에 오르는 어느 십대 소녀의 가출처럼
내 마음은 주님 손 벗어나 멀리멀리 떠돌며
저어―기 섰는 아버지를 아프게 한다
"아버지! 아버지의 그 아들, 사람이 뭐 그래요?"
아버지의 가슴을 퍼렇게 멍들이며

가다보면 잡히는 것 하나 없는 허공의 길
엉키어 풀 수 없는 가시 덩쿨 길
내 죄로 팅팅 불거진 나
생각 없이 그 길따라 무작정 걷다가
내 영혼 심한 갈증 외침에 정신을 차린다

어디에 내가 있는가?
멀리 아버지의 모습 아련히 보이고
가늘고 지친 그의 두 손엔
내가 버린 사랑의 띠가 들려져 있다

되돌아가는 길
생각하면 참으로 염치없는 길
내 죄를 잠재우는 누군가의 노래를 들으며
나는 온 길을 더듬어 더듬어 되돌아간다

"사랑하라"신 주님의 그 명령을 따라
사랑의 띠에 내 한 발을 먼저 묶어 놓고
머얼리 내 남편 그 영혼 찾아 미소를 보낸다
노란 손수건 흔들며 돌아오라 돌아오라 손짓을 한다

아버지의 밥상

내 인생의 물결에 거센 파도 일 때는
아버지는 나를 위해 이미
하늘에 큰 상을 차려 놓으셨음이라

돌아가신 내 할머니 잊지 않고 챙기셨던
장손자 우리 오빠 생일 아침 밥상보다
억만 배 더 큰 정성으로 하나하나 마련하신
하늘의 산해진미 그 상에 있음이라

밥상 그 가운데 푸른 나물은
내 입이 "싫다!" 하는 쓴맛이지만
가슴으로 꼬옥 꼬옥 함께 씹어 보면
감칠 듯한 깊은 맛에 내 영혼 웃는다

내 짧은 인생의 구비구비엔
어두운 계곡들이 놓여 있지만
발뒤꿈치 세워 들고 하늘 위로 올라 보면
아버지의 상이 늘 나를 기다려
내 영혼은 목을 빼고 즐거워한다

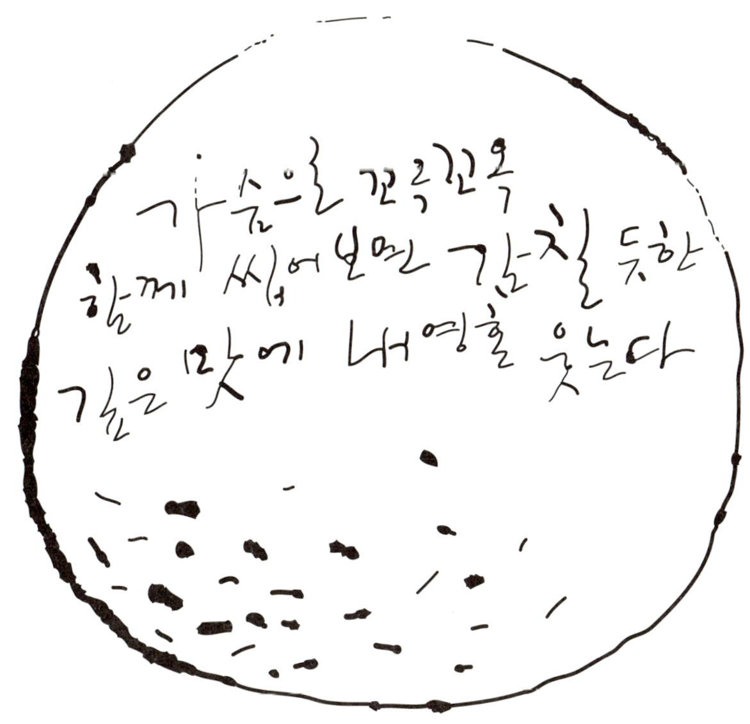

가슴에 꾹꾹꾹
함께 씹어 보면 간질 듯한
깊은 맛에 내영혼 웃는다

나는 아직

주님은 아무 말이 없으시다
나는 어제 일이 너무나 미안하여
바로 바라볼 면목도 없어
그냥 이렇게 이렇게 앉아 있다

그 생각에 걸림이 없는 둘째딸 윤재
그 맑음을 외면하고 싶어하는 이 세상의 흐름 위에 서서
혼자서 힘겹게 거슬러 오르는 모습을 안쓰럽게 안쓰럽게 바라보다가
세상 향해 몹시 화난 내 마음의 화살을
눈치없이 호통치며 윤재에게 날리어
죄 없는 윤재가 내 죄 땜에 울었다

불뚝불뚝 죄의 싹이 행동 위에 돋곤 하던
미운 일곱 살의 그녀를 못마땅히 여기던
내 속의 지혜 없는 어미의 무능력도 가세하여
어둡고 막다른 골목에다 마구 마구 윤재를 떠다밀었다

그때 어두운 구름에 휩싸인 나의 영혼은
어쩔 줄을 몰라 발만 동동 굴렸고

마구 솟은 죄의 냄새 물씬 나는 나의 잘난 자아는
성난 파도 모양으로 내 몸을 휩쓸었다

한바탕의 전쟁 후 나의 가슴은
풀기 없는 윤재의 힘없는 모습과
폐허 속의 전쟁터 나의 몸 속을 바라보다가
어딘가에 앉아 있을 상처입은 두 영혼이 생각나서
아프게 아프게 울고 말았다

오늘 아침 나는 잠잠한 몸으로 아침을 맞았다
그리고 피곤한 뒷모습의 주님을 뵈었다
혹시나 그의 딸 삼으신 것 후회하시면 어쩌나
이제는 못 참겠다 버리시면 어쩌나
이런 저런 생각에 내 마음은 분주하다

내가 먼저 잘못했다 말해야 하는데
염치없는 내 양심이 나의 두 입술을 굳게 닫아 버려
나는 아직 이대로 이대로 앉아만 있다

달리는 기차 속에서

우리의 기차는 나아가네
앞으로 앞으로 달려나가네

나는 말없는 전쟁터 기차 뒷칸에 앉아
어린 내 영혼 끌어안고서
온몸 눈물로 몸부림치네

창 밖의 무리들
화려한 봄바람에 휘파람 불지만
나는 이제 그 곳은 싫네
사람들의 몸만 있는 그 곳은 정말 싫네

한적한 플랫폼에 서성이던 그 친구
갓 태어난 영혼을 조심조심 싸 안고
내 옆 빈자리에 다가와 앉을 때
사랑의 눈물이 넘쳤네
가슴으로 그냥 안고 말았네

나를 품어 준 그 사랑 만나러
내 속으로 깊은 여행하고 난 날에도
이젠 내 얘기 들어 줌 이 있네
두 눈 두 귀 아예 감은 사람들
창 밖으로 흔드는 나의 손수건
지금은 외면하고 수군댈지 몰라도
그날 되면 이 기차에 기쁨으로 오르리

오늘도 기차는 나아가네
눈부신 우리의 종착역으로
지나는 세월을 은혜 띠로 묶으며
앞으로 앞으로 달려나가네

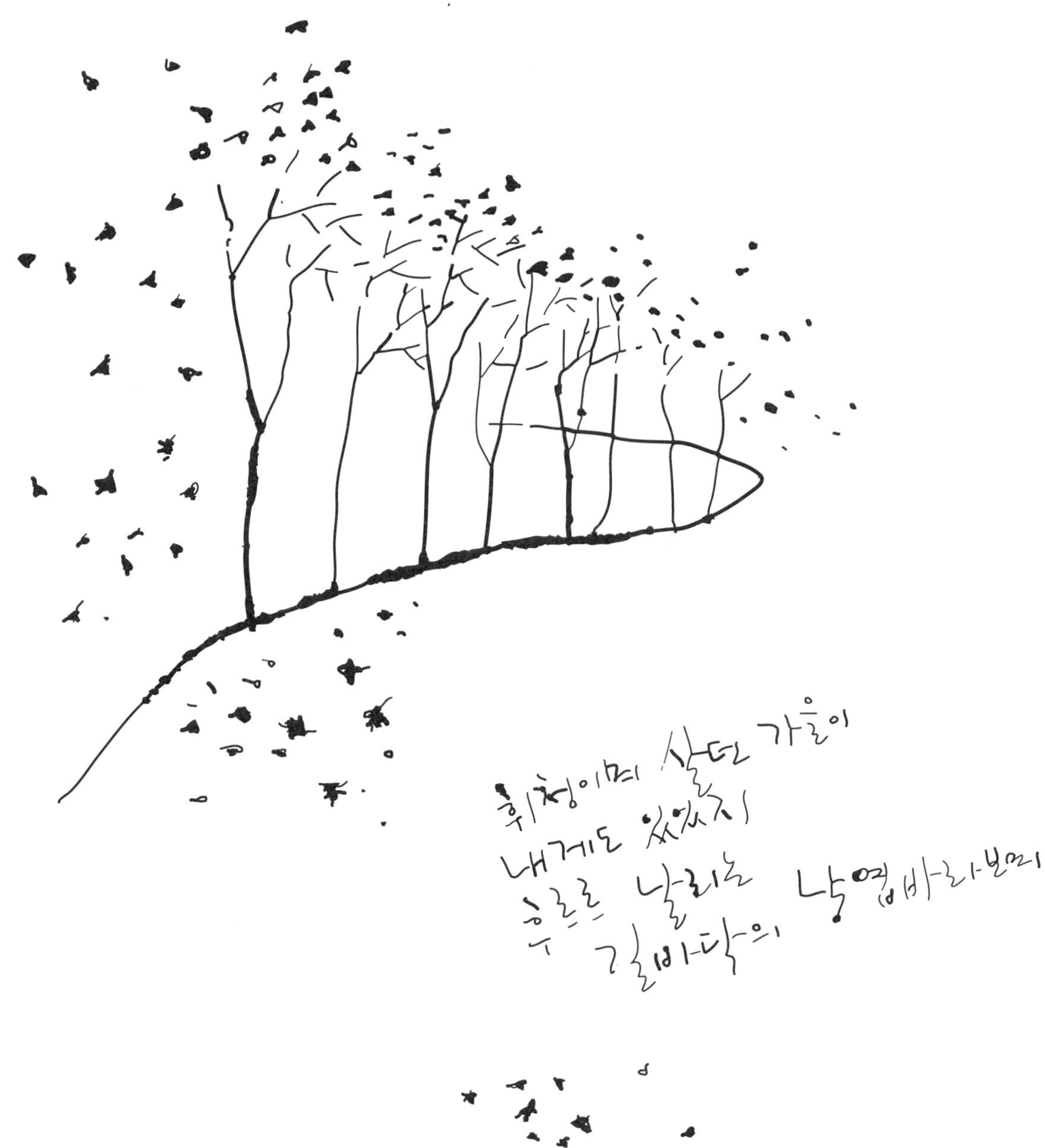
휘청이며 산들 가을이
내게도 왔었지
술술 날리는 낙엽바라보며
길바닥의

지난 가을

휘청이며 살던 가을이 내게도 있었지
후르르 날리는 길바닥의 낙엽 바라보며
"난 너를 안 적이 없다" 말하던 퇴근 시간 시청 앞 하늘을 보며
설 곳 없던 나는 그때 얼마나 외로웠던가
그러나 내 모습 보일라 내 아픔 들킬라 조심조심 싸매고
가을을 감상하는 그럴듯한 여자로 위태위태한 포장했었지

그래, 지금 우리 솔직히 얘기해 보자
그날 그 화랑 밖에서 쌀쌀한 줄기 바람에 넘어지지 않았니?
"내 집 찾아 주셔요!" 외치던 내 절규에 아픈 네 가슴 어쩔 줄 몰라
이유 없이 내게 화내지 않았니?

저마다 고향 그리워하는 가을
흩어졌던 부모 형제 함께 모여서 추수한 햇곡식으로 정 나누는 가을
그래, 그랬었다
가을마다 앓던 열병은 고향 가고픈 내 깊은 영혼의 말없는 시위였고
먼 하늘 바라보며 저리던 가슴은 아버지께 가고픈 안타까운 아픔이었다

오늘, 울적했던 지난날의 가을을 내 인생 밖으로 멀리 멀리 던져 버리며
내 속 저 깊은 곳으로부터 힘찬 박동 소리를 듣는다

메리에타 (Marietta)

아틀란타에서 조금 떨어진 나 사는 메리에타는
내 영혼 살고 있는 이 몸과 그 모양 흡사하여
거리를 바라보고 운전하여 가노라면
푸근함에 내 영혼 단잠을 잔다

이곳의 중심 도로 로스웰 길을 가면
이 몸 통해 살다 간 내 죄의 무덤들이
내 마음 건너편에 작은 언덕 이루듯이
이곳에 살았던 옛사람의 무덤들이 곳곳에 곳곳에 모여 있다

나의 죽음 아쉬워하는 생명 없는 욕망들이
깊은 죄의 골짜기로 나를 부르듯이
멀리서 보기 좋은 향기 없는 조화들은
먼저 간 사람들을 안타까워한다

나를 살게 한 예수님의 십자가
붉은 피로 물든 채 내 속에 살 듯이
무덤마다 나무 십자가 든든히 서 있어
그 영혼들 지금도 살아 있음을 넉넉히 넉넉히 안다

과거와 현재 어우러진 수풀 속의 이 도시는
죄를 묻어 가며 푸른 삶 살아가는 내 모습 같고
집 몇 채 건너마다 아름다운 교회들은
어느새 내 몸 속에 들어와 영혼들을 부른다

아무런 생각 없이 로스웰 그 거리를 나가면
거리인지 내 몸 속의 풍경인지 분별할 길 없어
눈을 부벼뜨고 다시 바라봐야 한다

과거와 현재 어울어진
수풀속의 이도시는 죄를 물어가며
푸른 숨 살아가는 네모양 갈고
집몇채 건네미다 아름다운 피화들을
어느새 내품속에 들어와 영혼들을 부른다

하얀 벽돌 우리집

내 영혼 영원히 저 세상 떠나온 날
입고 있던 옷과 신발 모든 생각들
육신에 그대로 남겨 놓고서
지붕 뚫고 하늘 높이 날아오르며
속에서 나오는 함성 소리에
내가 놀라 두리번 돌아보았다

내 인생 처음으로 노잣돈 없이
춤추는 천사따라 날아온 내 본향
도 눈에 보이는 이곳이 너무 좋아
저 세상 것 잊은 지 너무 오래다

아껴 신던 주홍 구두 검정 핸드백
무리하게 장만했던 그 겨울 외투
와서 보니 날아가는 그림자였다

저 세상 재물이 올 수 없는 이곳
예수님을 사랑한 믿음의 하얀 벽돌
그것으로 지어진 집 선반 위엔
나를 기쁘게 할 비밀 상자들이
높다랗게 높다랗게 쌓여 있다

저 세상 살 때 나 고생시켰던
그 검은 욕심은 자취도 없고
욕심 담겨 있던 가슴 모퉁이엔
예수님의 피만 얼룩져 있다

마음으로 바라봤던 주님의 소망들은
내 앞에 선명히 다가와 있고
조심조심 두 손 내어 만져 보아도
끄떡없이 그대로 그대로 서 있다

여기 내가 살 곳이란다
영원한 영원한 내 집이란다

오늘 첫날, 잠들기 전에
저 세상 남아 있는 식구들에게
이 큰 사실 전해야 한다

보이는 그 세상은 진짜가 아니라
주님 계시는 네 속의 소망 나라
그 곳이 영원한 영원한 진짜라고

여기가 내가 살곳이란다
영원한 영원한 내집이란다

부지런해지련다

이제는 무엇인가를 해야 할 때이다
울며 웃으며 키워 왔던 나의 모든 것들을
깨끗이 깨끗이 청산 해야 할 때이다
땅속 그 근본의 소리 없는 외침을
굴절 없이 정직히 듣기 위하여
이 땅에서 뿌리내린 아름답고 향기로운 꽃들을
이곳 저곳 자리잡고 무겁고 단단한 바위들을 이제는 말끔히 걷어 내련다

지금부터 나는 두 팔 걷고
태초부터 살아온 그 뿌리 찾아
마음 깊이 깊숙이 삽질을 할 테다
즐거움과 슬픔, 편안함과 안일함 그리고 바쁨
그것들의 검은 유전을 퍼내어 가면서
속아 온 지난날을 마음껏 마음껏 후회할 테다

뙤약볕 아래서 지친 그날에는
내 깊은 냇물에 발을 담그고
가까이 주님 얼굴 바라볼 테다
무거운 바위 들어 힘는 날에는
아예 두 손 놓고 그 냇가에 드러누워
소망의 바람만 흠뻑 맞을 테다
꼬옥 감은 두 눈에 보여 주시는
주님 이루실 나의 미래를
가슴으로 욕심껏 소유할 테다

나는 부지런해져야 한다
부지런히 부지런히 나 자신을 걷고 내고 떠내야 하다
무섭고 단호한 얼굴로 미련 없이 나를 버려야 한다
아! 나는 새로운 살을 갖고 싶다
맑고 투명한 새로운 몸으로 내 속의 외침을 크-게 듣고 싶다

사실은

이 세상 인구가 나날이 늘어나고
우리 동네 날로 날로 복잡해져
가는 곳곳 사람들과 부딪혀도
사실은 나 하나님과 단둘이 사는 것이라

대한 민국 좁은 땅 집들은 하늘로 올라가고
나도 발 디딜 땅 없어 공중에 살아야 하지만
사실은 나 하나님의 넓고 넓은 뜰에서
그 대지 차지하고 혼자 사는 것이라

아웅다웅 세상일 주위에 항상 즐비해 있고
약한 내 육신 엉켜 오는 어두움에 속상해지기도 하지만
사실은 나 하나님의 이 일에 동참해야 할 책임 있어
즐거운 노래로 찬양해야 하는 것이라

나의 외모 남 보기에 이 땅 사람같이 보이지만
사실은 나 속시원히 보일 수 없는 저 나라 사람이라
사람들이 나 사는 "그런 나라 없다!" 고 말하면
"진짜 살 때 보여 주마!" 내 영혼 언제나 언제나 큰소리친다

음악 예배

오늘 그 예배에서
두 쌍의 아름다운 찬양 들으며
내 영혼은 마음껏 하늘을 날았네

힘찬 날갯짓으로 이 몸을 빠져 나가
자욱한 안개를 화알짝 걷으며
높이 높이 한없이 달려나갔네

멀리 보이는 그 빛따라
노래의 선율따라 오르며 내리며
높은 산줄기따라 날아가면서
내 영혼은 참으로 즐거웠네

울창한 수풀 그 속을 지날 때
시원한 푸른 그늘 잊을 수 없네
에메랄드 호수 그 위를 지날 때
반사된 내 모습에 황홀도 했네

날았네 날았네 달렸네 달렸네

잔잔히 반짝이는 그 강에 이르러선
내 알몸 거침없이 물 속으로 뛰었네
투명한 맑은 물 가르며 가르며
내 영혼 자유로이 헤엄치며 즐거웠네

오늘 나는 그 예배에서
황홀한 선율의 화음 들으며
내 몸의 깊은 기지개 쳐다보다가
하마터면 내 영혼 놓칠 뻔도 했네

노래가 끝나고 돌아온 그를 보니
양 어깨에 날개가 달려 있었네
언제나 날을 수 있는
찬란한 날개가 빛나고 있었네

2부 사람들과의 대화

화목의 꽃나무

언니를 못 이겨 날마다 애태우던 동생 윤재와
동생을 향하여 미움의 북 탕탕 울리던 언니 윤선이가
예수님의 의해 변하기 시작했다

밤마다 잠자는 두 딸의 머리맡에 앉아
화목을 간구하는 엄마의 기도 가락에 맞추어
예수님이 드디어 일을 시작하셨다

윤선이의 마음속에 '이해'의 씨 움틔우더니
넉넉한 마음 무성케 하셨다
동생이 아무리 미움의 북을 건드려도
웬만하면 그냥 넘기어 버리는
그 마음에 공간을 허락해 주셨다

윤재의 마음에도 변화가 생겼다
언니를 이기려는 그 높은 마음 옆에
순종의 미끄럼틀 하나 생기더니
까딱 까딱 높은 고개 향해 올라가다가는
그 미끄럼틀 타고 샤르르르 내려온다

1996년 여름, 길고 긴 방학 동안
예수님을 응원하는 엄마의 기도 뜰에서
24시간 둘이 함께 지낸다

지금도 예수님의 울타리 속 그 뜰에서는
두 그루 화목의 꽃나무가 무럭무럭 자란다

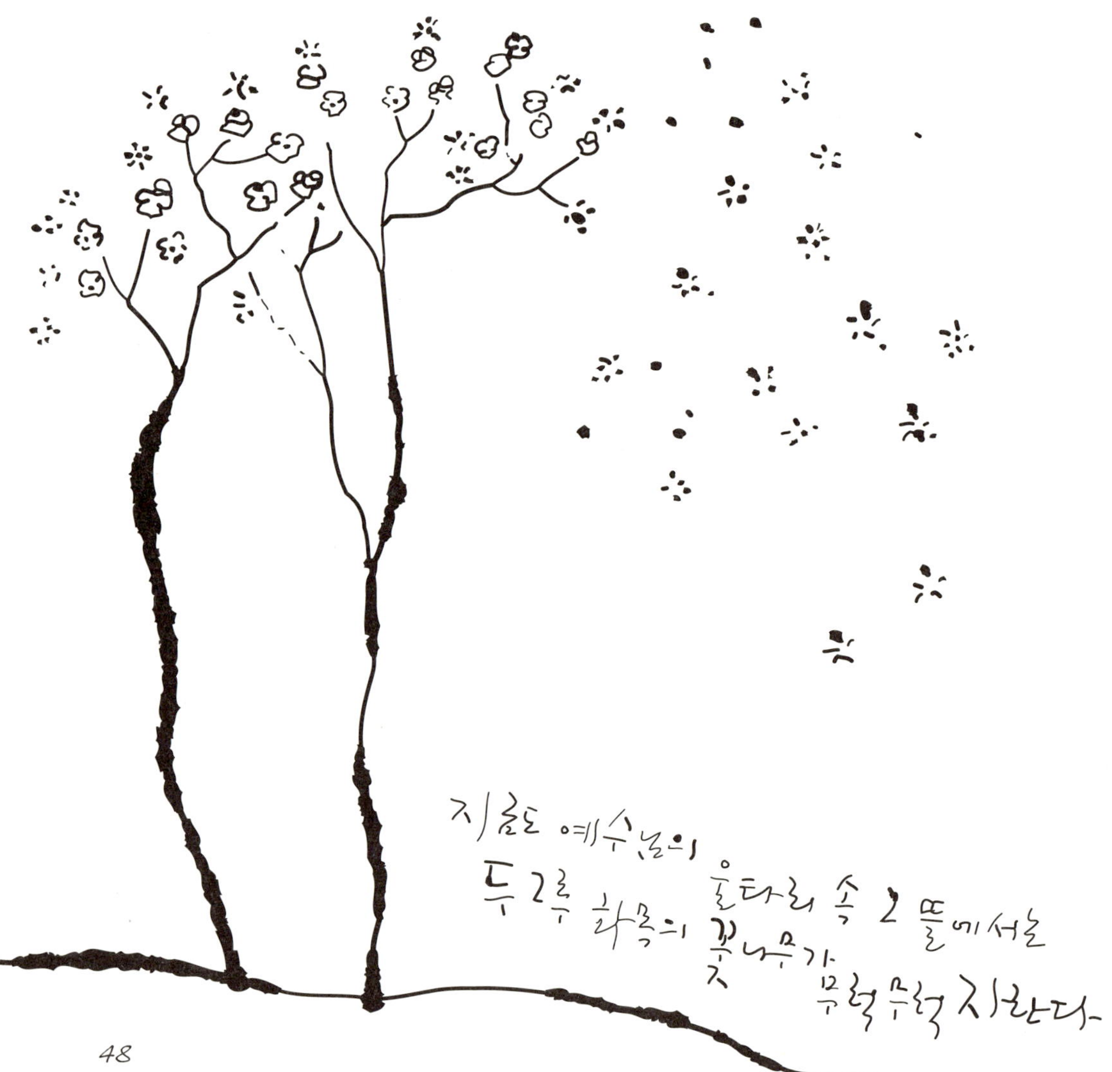

지금도 예수님의
두 그루 하목의 울타리 속 그 뜰에서는
꽃나무가
무럭무럭 자란다

아름다운 황홀

주님, 주님
급히 드릴 말씀 있어요
칠십 평생 넘게 저 멀리 살던 할머니
오늘 처음 예수님 뵈러 예배당 오셨어요
맏사위 손에 이끌리어 멋쩍은 얼굴로 오셨어요

인정 많고 훈훈하여
이웃 사촌 두루두루 살펴 돕고
때맞추어 물고기 고향 집으로
생명 붙여 보내 주던 그 할머니가
드디어 예배당에 오셨어요

어릴 때부터 익혀 온 원색의 주문들이
수십년 간 입 속에 살았었는데
얼마 전 속 깊은 답답함을 시작으로
영혼의 태동을 느끼셨대요

일찌감치 주님 앞에 나아온
아들딸들의 기도가
그날 유난히도 애절했던가 봐요

사실은 이 할머니
더 일찍 나오실 수도 있었지만
글자 몰라 하나님 못 뵐 줄 알아
마음 깊이 혼자 고민하셨대요

인생의 마지막 황혼 길에서
그 몸은 이미 늙었지만
얼마나 예뻐요, 그 어린 영혼이

이제껏 묻어 둔 지난날의 사연
하나님께 낱낱이 풀어 놓을 때
서러움에 혹시라도 울면
예수님 손등으로 닦아 주서요
뒤돌아 머뭇대게 마시고
그 영혼 꼭 잡아 앞만 보게 하서요

세월이 넉넉지 않잖아요?
주님, 서둘러 만나 주서요

인생의 마지막 황혼길에서 그들은 이미 늙었지만
얼마나 예뻐요, 그 어린 영혼이

헬렌 집사님

운동화 끈 단단히 맨 헬렌 집사님
산 넘고 물 건너온 인생 길을 되돌아
고향 집 찾아가는 한 영혼을 위하여
단단히 무장하고 배웅 길을 나섰다

혼자 보내기는 그 육신이 안쓰러워
청포빛 꽃 거리 덮은 캘리포니아 그 봄을 기꺼이 포기하고
눈감고만 볼 수 있는 그 길을 따라
그녀는 그 영혼의 동행자가 되었다

고향 가는 그 영혼은 앞에만 소망 있어
천국 집 그 길따라 곧장 걷지만
욕심 많은 헬렌 집사님 사방에 볼거리 너무나 많아
뒤쳐진 발걸음 앞서가는 그 영혼 따라잡기 숨이 가쁘다

인생의 귀향 길
홀로 가긴 정말 정말 외로운 길

하나님은 그의 딸 동행하는 그녀가 눈물나게 고마워
그녀 걸음 되돌릴 천국 문 앞에서 직접 건네줄 보화 보물 많이 챙기셨다

접어 둔 세상일 마음에 가끔 염려가 되고
혼자서 돌아갈 길 갈수록 멀어져 생각하면 얼굴에 어두움도 끼이지만
우리가 진정으로 해야 할 일 이것인 줄 이젠 알아
그 영혼 천국 문 열고 주님 만나는 그것까지
보고야 가리라 마음먹는다

세상에선 돌아오라 유혹 바람 끊임없이 날려도
예배당의 형제 자매 그녀 위한 응원 기도 그 바람을 막으므로
그녀를 돌아오는 길에선 쉬어 쉬어 걸으리란 그 마음만 다지며
머언 배웅 길 느슨해진 운동화 끈 다시 조여 맨다

새벽 예배의 두 할머니

온몸이 움츠러드는 아틀란타의 가을 새벽
주님과 마주앉아 이일 저일 이야기하는데
문득 캘리포니아 베델 교회에서
새벽마다 뵙던 여든 넘은 두 할머니
그 모습이 내 마음에 선명히 떠오른다

인생 고개 막바지에 이르러
지난 세월의 아픔과 기쁨을 가슴으로 녹여 안고
멀리 있는 자손들 영혼 위해 기도하시던
깊은 골짜기 사랑의 눈물이 내 눈에 보인다

유난히 눈부신 하야안 머리 빛깔
세마포에 어울릴 천국 모자 주신 하나님께
이 세상의 아쉬움을 눈물로 고백하며
다가오는 고향 향해 뛰어가시던
맑은 시냇물 가난한 그 마음이 내 속으로 흘러온다

소중한 성경책 곱게 담은 가방과
약해진 다리 의지하던 지팡이
양손에 꼭 잡고 돌아가는 그 길에선
그리운 천국 영광 온몸에 가득하여
캘리포니아 햇빛도 기운을 잃었었지

지금 이 시간 베델 교회 새벽 예배에
두 할머니 여전히 앉아 기도하실까 생각하다
세월에 여과된 투명한 그 마음들을 내 가슴속에 깊이 품어 본다

베데스다 연못가

나 오늘 이천년 전 세월 속을 여행하고 돌아왔네
아침 일찍이 성령님이 당기는 기도줄 타고 앉아
성경 속에 베데스다 그 연못가 사람들 틈에 서서
예수님 주시는 참 생명 받아들고 돌아왔네

내 마음 깊은 호주머니 속 혈연으로 굳게 묶인 두 영혼
세상에서 가장 가까운 언니 그리고 동생
행여나 바람에 손 놓칠까 양손에 힘주어 꼬옥 잡고 함께 가서
잃을 뻔한 그들 영혼도 찾아 돌아왔네

소경, 절름발이, 벙어리, 손 마른 자…
세상에서 걸음 많은 자들 모인 그 곳에
가야 할 이유 없다 뿌리치던 언니도
텅—빈 자기 가슴 발견하고는
주님 손에 들려 있던 그의 영혼 빼앗듯이 되찾아
가슴 열어 꼬옥꼬옥 저며 넣고 돌아왔네

베데스다 연못가의 우리 세 영혼!
바뀐 몸이 신기하여 서로서로 쓰다듬고 만져 보다가
우리 함께 벼케 하신 예수님이 고마워
말 많던 우리는 눈물만 흘렸지

이 세상의 우리 자매 기도 속의 그 얼굴 눈물 자욱 흔적도 없고
저마다 걷고 뛰는 세상 길 바쁜 그 길목에서 예수님을 잃어도
이제 내가 언니 동생 기도하며 기뻐 우는 이유는
나의 기도 소원 따라 하나님 벌써 이룬 것
오늘 이천년 전 베데스다 그 연못가에서
너무나 선명히 보았기 때문이다

급히 가는 세상 세월 아무리 나를 초조케 하려 해도
내 가슴엔 어느새 예수님과 마주앉은
우리 세 자매 거듭난 영혼이 또렷이 살아 있어
내 몸 활짝 열어 구원의 하나님 소리 높이 소리 높이 노래할 수 있다

누워 계신 권사님

주님, 간절한 제 기도 들어주셔요

지금 캘리포니아 그 집 안방에서
주님을 그리며 누워 계신 권사님
그분의 모습 보이셔요?
간암이라는 육신의 병을 안고
천국으로 데려가실 주님을 기다리며
힘겹게 싸우시는 육신의 지친 모습
주님, 보이시지요?

평소 주님께 올리던 고운 가락도
이제는 입 속의 메아리로 끝나요
육신 안에서의 마지막 이 싸움이
권사님은 너무너무 힘이 들어요

주님, 도와 주셔야겠어요!

주님 만날 설레임이 그 고통을 넘게
그 마음에 소망을 가득가득 주시고요
아픔을 못 나누어 안타까운 아들딸들
그들의 마음도 어루만져 주시고요
그날의 살짝 이별을 너무 슬퍼 않도록
다시 만날 천국도 가슴 깊이 주셔요

그분의 육신은 사망에게 무너져도
해방된 그 영혼은 힘차게 날겠지요?

그날을 기다리며 누워 계신 그분
육신의 사망을 얼른 넘게 하시어
지금의 이 아픔이 기쁨 되게 하셔요

주님, 하루 빨리 그 권사님 찾아가 주셔요

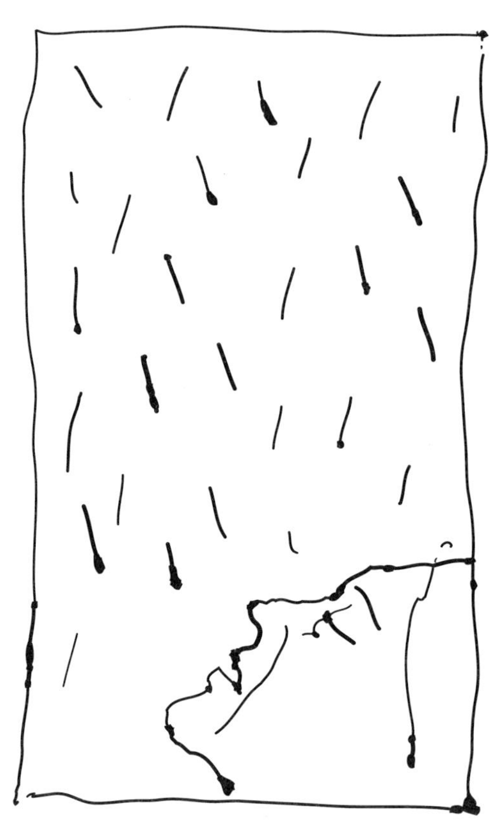

주님 만날 설레임이 그 고통을 넘게
그리움에 소망을 가득가득 주시는요

영원의 뜰에서

친구여, 자네 잘 알지 않는가?
그땐 내 마음에 울타리가 없었네
검은 도둑이 밤새도록 도적질한 것들을
내 마음에 한 보따리 풀어 놓아도
내게는 그것을 물리칠 수비대가 없었네
오히려 즐기며 나도 함께 공모했지
솔직한 내 눈물의 고백일세

그러나 친구여, 내 얘기를 들어 보게나
어두웠던 어느 날 예수를 만나지 않았겠나?
그를 알아 가고 마음 깊이 그의 머뭄을 환영하면서
그로부터 기이한 것을 받게 되었네
그가 가져다 준 마음의 울타리일세
그것은 밤의 도둑을 거부할 힘도 있었고
하얀 화평의 새들을 모으는 신기한 힘도 있었다네
그 후로 난 그저 자석이 붙은 철 조각처럼 그에게 붙어만 있게 되었네

아마도 그는 이 땅 위에서 가장 아름다운 정원을 내 마음 깊이 지으려는가 보네
오늘 이른 아침에도 내 마음의 뜰에서
깊이 썩은 나무 뿌리 하나 뽑아 내지 않았겠나?
아직도 그 상처 아물지는 않았지만
또 한 마리의 평온의 새가 내 뜰에 머묾을 느끼네
참으로 좋은 아침이네

멀리 있는 친구여!
지금, 내 마음의 뜰에서 울리는 새들의 노랫소리 들리는가?
싱그러운 맑은 바람은 느껴지는가?
저 그늘진 나무 아래 자네의 빈 자리 보이는가?

어서 오게, 어서 오게
자네와 나 그리고 예수 이 영원의 뜰에서 차 한 잔 어떻겠나?
대답 기다리겠네

63

'참음'의 꼭대기에 서서

저 멀리 울긋불긋 마음의 평야를 지나
생각의 숲으로 우거지 안개 속의 늪을 지나
저기 저기 흐르는 맑은 냇물 건너편에
외로운 모습의 그 청년이 보이셔요?

당신이 이 세상에 나와 처음 숨쉰 날부터
당신의 속 아득히 깊은 그 곳에 살아왔던
그 청년의 기억을 잘 더듬어 생각해 보셔요

오늘도 그랬어요
서로를 주장하며 유난히 싸우던 두 딸과 함께
저는 '참음'의 꼭대기에 아슬아슬 서 있었지요
"터트리지 마셔요! 그것으로 내가 죽었잖아요!"
그 청년은 소리쳤어요
"아－하－! 그랬었지요"
차근차근 저의 과거를 생각해 봤어요
그럴 수는 없었어요
또다시 그 청년을 십자가에 달리게 할 수는 없었어요

그리고는 모르겠어요
조금 전의 그 어두움이 어디로 도망갔는지

나는 몰라요
할 일 많았을 그 청년과 내가 어떻게 바뀔 수 있었는가는
하지만 나는 알아요
이제는 절대로 그를 거스르면 안된다는 사실을
자ー 우리는 시선을 다시 안으로 안으로 보내 봅시다
이제는 보이시나요?
저기 저 물결이 출렁일 때마다 당신을 잡아 주는 힘센 그 손길이
꼬옥 잡고 따라가 보셔요
아ー아! 빛들이 힘차게 몰려오네요

친구에게

친구야,
우리, 아버지께 고맙다 말하자

육신의 모든 욕망 떨구며 가는 길
마음에 물든 정 묻어 두고 가는 길

두 눈의 눈물샘 이제는 네 마음의 폭포 되어
서러운 너 대신 얼굴 위로 많은 말 쏟아 내어도
네 영혼은 날아오를 그 채비에 저리도 즐거우니
친구야, 우리도 함께 즐거워하자

함께 걷던 친구들 세상 길따라 돌아가 버려
네 몸도 저들따라 말하지만
네 영혼의 동무들 저 멀리서 어서 오라 손짓할 때
마주 흔드는 네 영혼의 기뻐하는 그 몸짓을
친구야, 우리 진정 모른 체 말자

친구야,
우리, 영원히 살 본향 집 노래하며 가자
믿음 속에 뻗어 있는 네 소망의 그 길따라
세상 사람 보란 듯이 태연히 흥얼대며 가자

잠시 살던 이 세상 향하여는
잘 있거라 짧은 안녕 말하고
미련의 알갱이 떼어 내며 앞만 보고 가자

세상에 남은 이들 널 보고 이상타 하고
네가 가진 그 약속 나라 캐어 보고 싶도록
그렇게 그렇게 태연히 가자

하늘까지 닿은 그 길 혼자 걷기 너무 힘들어
혹시나 "아야–아야–" 신음 소리 내야 할 때면
하늘의 네 아버지 행여나 그것 듣고 가슴 아파하지 않도록
네 영혼의 노래 신나는 그 볼륨을 더 높이 올리어라

친구야,
감사하자! 감사하자!
이 세상에서 보고 듣고 맛보고 만지고
그리고 소유했던 모든 것들 들어
아버지께 고마웠다 인사드리고
이제는 진짜 세상 향하여 진짜 길을 떠나자

어차피 떠나야 할 이곳
우린 처음부터 이 세상 사랑치 않았으니
우리, 아버지의 이 부름을 즐거워하자

사랑하는 친구야,
우리, 진정 아버지께 고맙다 말하자
그리고 저-앞에 열린 영원한 미래 향해
즐거이 노래하며 힘차게 걸어가자

육신의 모든 욕망 떨구며 가는길
마음에 모든 정 풀어 두고 가는길

크리스마스 노래

저의 이 노랫소리 들리시나요?
지저귀는 내 노래를 밤새도록 듣는다 해도
이 십이월에는 조금만 참아 주셔요

나를 구하신 우리 예수님의 탄생일
이젠 자유로운 몸이니 마음껏 마음껏 노래할래요
무엇하셔요?
내 노래에 어울리게 예쁘게 단장해 보셔요
하얀 쉐타가 어울릴까요?
빨강 초록 어우러진 스카프는 어떠셔요?

지난 세월 이야기도 지나칠 순 없지요
꽁꽁 묶인 어두움 속에서의 그 시절은 정말 우울했어요
'나도 아기 예수 탄생을 노래하고 싶어요!'
철없는 나의 이 투정은 제 마음을 더욱 아프게 했답니다

지금의 제 마음 아시겠어요?
자— 마음의 방방마다 불을 밝혀 보셔요
우렁찬 아기 에수 첫 울음 소리 들리시니요?
저 멀리 교회 종소리도 들리시나요?
우리들의 합창제에도 함께 가셔요
두 눈 꼬옥 감고 우리의 기쁨에 함께 젖어요

자! 이 기쁜 계절에는 아름답게 아름답게 장식하셔요
즐거운 우리의 이 모습을 소문 낼 수 있도록
반짝이는 브로치도 가슴에 달아
주님 맞을 그 방도 화안—히 밝히셔요

이 기쁜 십이월에는 마음껏 소리 높여 노래할래요
제 노래가 밤새도록 터질 듯 울린다 해도
이 계절에는 조금만 조금만 참아 주셔요

3부   주님께 드리는 노래

이게 전부예요

내일 모레, 추수 감사절을 앞두고
창문 밖의 가을 비가
지난 한 해 동안 주님의 은혜를 온 세상 가득 피어나게 합니다

1996년 저의 한 해를 높이 들어 안으시어
성령으로 태어나 이제 막 걷는 저에게 귀한 것들 먹이시더니
오늘 추수 감사절을 맞아 저로 하여금
사람들을 사랑할 수 있는 작음 마음의 씨앗을
주님 위한 상 위에 조심스레 올려 놓게 하셨습니다

남에게 보이기는 정말 부끄럽지만, 아 주님!
얼마나 귀한 저의 모든 것이란 것을 주님은 잘 아십니다

아침마다 하던 주님과의 그 행보를 기억해 보셔요
저의 갈 곳은 저 멀리서 밝게 밝게 빛났으나
그 곳까지의 그 길은 제게는 참으로 험했습니다

이기심의 가시 덩굴은 늘 저를 에워쌌고
불뚝불뚝 솟아 있는 욕심의 바위들
한 고개 너머마다 흐르는 뜨거운 혈기의 강
그러나 주님은 언제나 저의 길을 헤쳐 주셨습니다

이제 지난날 제 걸음걸음의 자취 위에서
예수님 그 사랑의 길 닮은 것 같은 엷은 빛을 발견하였습니다
저는 이제 그 길만 따라가려 합니다
예수님이 죽어 주신 사람들의 육신의 모습을 시야 밖으로 멀—리 밀어 보내며
저는 이제 하나님이 사랑하시는 그들의 영혼만 바라보려 노력합니다
사람들을 향한 저의 이 시각이 깊어지도록 날마다 날마다 연습합니다

사람들은 제가 마련한 이 상을 바라보고 "아무것도 없다" 말할지 모르지만
주님이 반기시리라 믿으므로 저는 실망치 않습니다
내년에는 한 상 가득 풍성하게 차리어
주님과 나를 번갈아 바라보며 사람들이 수군대기를 마음 깊이 소원합니다

올해의 저의 이 상은 정말 조촐합니다
그러나 주님, 기쁘게 기쁘게 받아 주십시오

죄송한 마음

주님, 저 미안해서 어떡해요
이렇게 이렇게 제 단속도 못하니

어제 내 이웃이 그 사람 흉볼 때
책망해야 마땅할 내 마음 접어 두고
손뼉치며 좋아하는 내 속의 죄 모습을
입으로 멍청히 보이고 말았으니

아침 일찍이 QT를 하면서
내 몸 위에 말씀 무기 단단히 단단히 실었었는데
미움 시기 독한 그 돌멩이를 흔들다 말아
결국에는 그 곳에 걸리고 말았어요

이제는 하늘 사람
잃어버린 하늘 영혼 주워야 할 내가
철없는 아이처럼 하나님을 이리도 창피케 하니
주님, 어쩌면 좋아요?
이 약한 나는

유난히 미련하고 유별나게 죄성 많아
하나님 나를 딸 삼아 주셨다는 그 하나님만으로도
나 더욱더 하나님을 사랑할 수 있었지만

끝도 없는 나의 죄 웅덩이를 바라볼 때면
내 영혼도 저리 도리질을 치는데
'하나님은 어떠실까?' 그 마음을 생각하니
오늘은 내 자신이 몹시나 밉네요

주님!
빛이신 주님!
이제는 제 체면 생각하지 마셔요
제 얼굴 생각해서 살-살- 비추시던 손전등에
이백와트 환한 성령의 전구 몇 개라도 달으시어
제 속의 은밀한 것 더 이상은 더 이상은 견딜 수 없게
이 몸을 환-히 비춰 드러내어 주셔요

우리 딸들 초등 학교 오픈 하우스 날 그 저녁처럼
공부하며 자란 흔적 자랑스레 부모에게 공개하듯이
언젠가 달력 위에 제 날도 하루 정하시어
제게 일어난 일들 널리 널리 공개하여 자랑도 하셔요

주님, 정말 미안해요
제 몸 위로 삐죽삐죽 죄를 보여서
그러나 그러나 단념은 마셔요
언젠가는 이 몸 통해 주님을 널리 보일 터이니

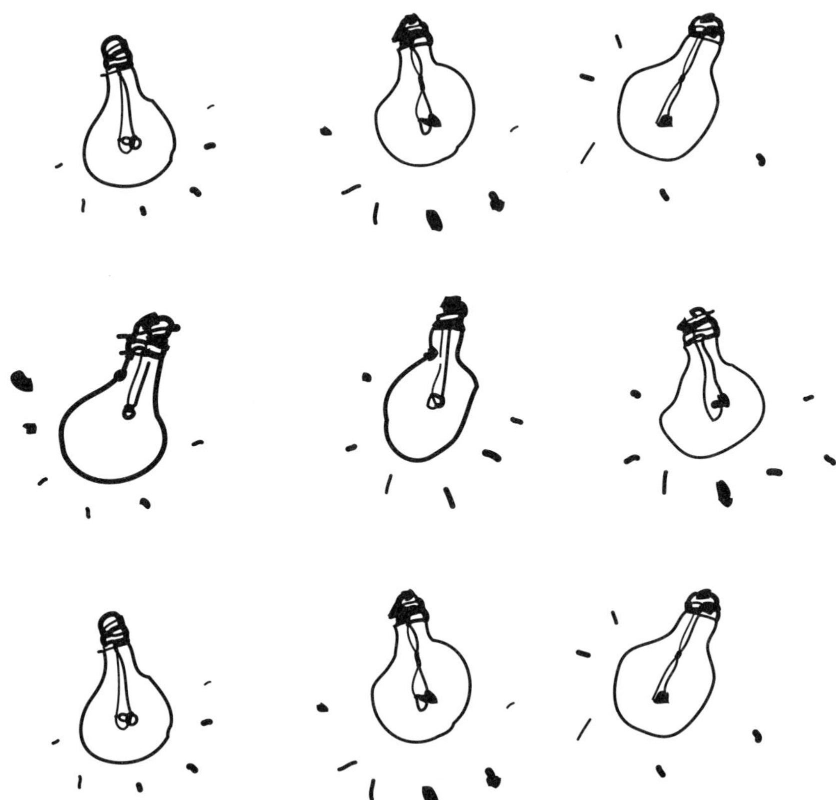

제 얼굴 생각해서 살-살- 비추시면
그 숨결들이
이별와-트 한한 성령의 전수몇 개리는 달-시의
제 속의 은밀한것 떼이상은
견딜수 없게

장터에서 만난 하나님

주님, 언제였던가요
그 가을날 전라도의 조그만 시골 장터 기억 나셔요?
까맣게 그을린 여유 있는 얼굴들과 저마다 펼쳐 놓은 자랑스런 곡식들도
그 곳은 꽉 메워져 있었지요
갓 찧어 나온 쌀, 콩, 참깨, 좁쌀…
"올해는 대풍년이다!" 라며 모두들 들떠 있었지요
주님, 여행 도중 그 곳을 지나던 제 모습도 생각나시죠?
아줌마 아저씨들과 함께 덩달아 신이 나서 바삐 바삐 좇아다녔지요
그리고 박을 몇 개 사서 배낭에 매달았던 것 같아요
생각만 해도 참으로 즐겁고 훈훈한 장터였어요

그런데 오늘 그 장터에서 흐뭇한 얼굴로 말씀하시던 할아버지가 떠오르네요
"올해는 비가 알맞게 와 주었지. 햇빛도 적당했구. 하늘은 참 고마우어…"
아- 주님! 그때 제가 하나님 알았더라면 이 세상의 진실 알려 드렸을 텐데요
'할아버지! 이 모든 것들은 다 하나님이 하신 것이에요

할아버지가 뿌리신 씨에게 생명 주시고 싹 나게 하시고 햇빛과 비 주시어
쑥쑥 키워주시고
열매 맺어 주시고 그리고 우리의 먹이로 만들어 주신 분,
그분이 바로 하나님이랍니다
할아버지! 이 모든 햇곡식은 지금 막 만들어 내신 그분의 작품이며
또한 이 땅의 우리에게 주시는 그분의 선물이랍니다

주님, 그 할아버지도 어느 날인가 이 모든 것의 주관자이신
하나님을 아셨을까요?
주님, 저도 복음을 몰랐을 때는 횡횡한 허공에다 감사한 마음 날리며 실있지요
하나님은 알고 난 지금도 하나님께 감사하지 못하는 일들이 너무 많구요
오늘은 제게 아침을 주시기 위하여 움직이시는 하나님의 손길을 생각하다가
마음속에서 벅찬 감사가 넘쳐 남을 느꼈어요
하나님, 제가 무엇이길래 그렇게 오랜 시간 정성들여 기르고 만든 식물로
저를 먹이십니까?

주님, 주님의 말씀 한 구절이 떠오르네요
"그런즉 너희가 먹든지 마시든지 무엇을 하든지
다 하나님의 영광을 위하여 하라"
맞아요, 제가 먹고 마시는 무엇 하나도 하나님의 손길 없는 것이 없은즉
그 귀한 것 대할 때마다 주님 생각해야지요 주님 기뻐하실 일 해야지요
주님 도와 하나님 모르는 영혼들에게 귀한 이 사실 알려야겠지요!
주님, 저 오늘부터는 쌀 씻을 때 행여나 귀한 주님의 쌀 한 톨
물위로 흘릴라 조심조심 주의할게요

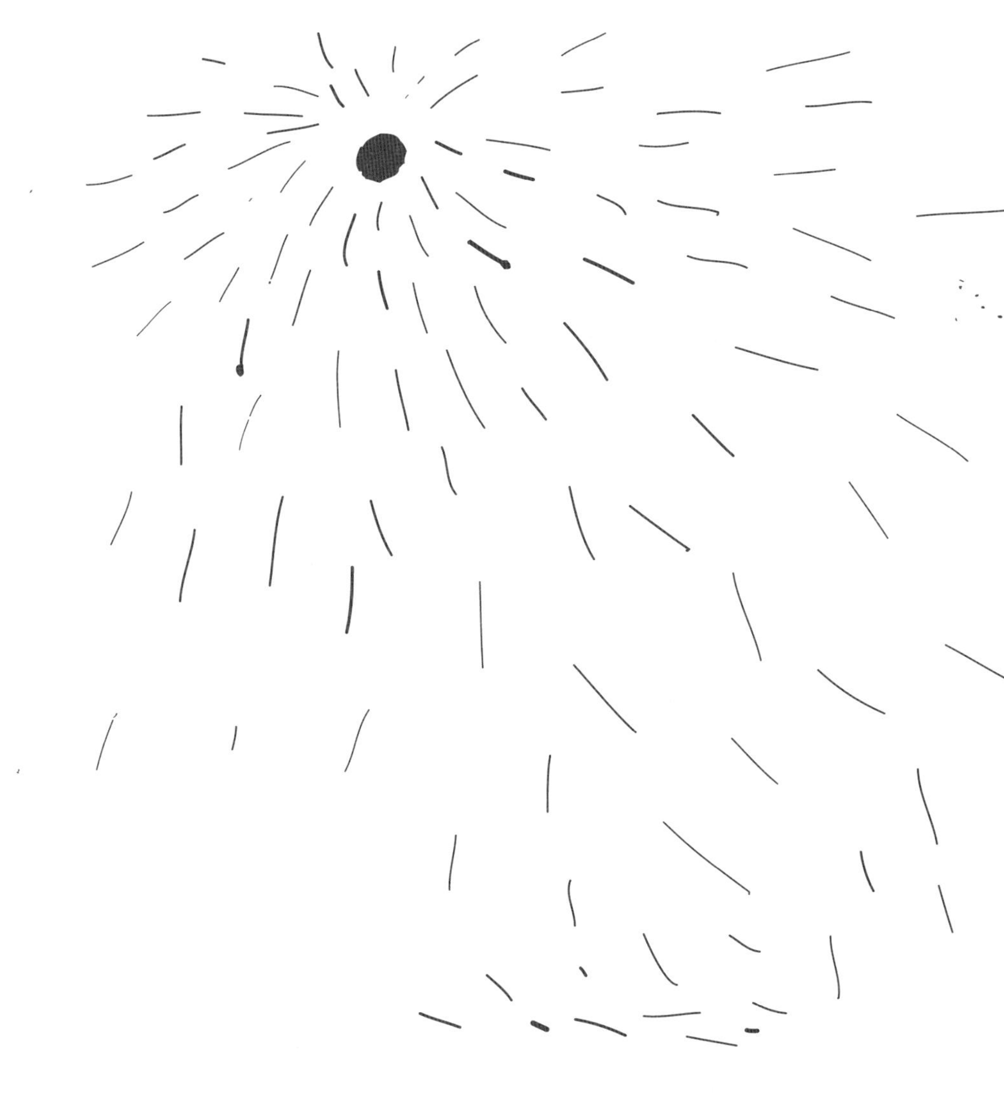

"올해는 비가 알맞게 와 주었지.
또 햇볕도 적당했구.
하늘은 참-고마우이…"

아버지 마음

나는 오늘 눈물의 아버지 만나고 돌아왔네
당신 자녀 사랑하다 목이 목이 메여
커-억 커-억 흐느끼는 무너지는 그 가슴
그 아픔 함께하여 나도 같이 울다 왔네
아들과 딸 그를 잊은 채
이땅에서 하하호호 살아가고
미어지는 아비 가슴 허공을 돌며 돌며
그 아비 반길 자를 찾고 계시었네

나를 만나시곤 기뻐하셨네
한 아들을 향한 40년의 짝사랑 이야기 들려주며
안타까운 눈물 폭포 내게 보이셨네
그리곤 날 보며 고맙다 하시었네
함께 기도함에 힘난다 하셨네

언덕 너머 그 샘도 보여 주시었네
육신의 아버지 날 향했던 진한 기도 물줄기와
하나님의 사랑 눈물 만나 이루어진 수풀 속의 맑은 물 웅덩이를
그 물에서 내 영혼 살아났음을 단번에 알 수 있었네

나도 이젠 육신 아비 그 가슴이 되라 하시었네
이 세상의 영혼들 위한 깊은 기도의 샘 파라 하시었네
당신 나라 수풀 속에 많은 물 웅덩이 함께 만들자 부탁 부탁하시었네

하나님 자식 사랑 그 눈물 그 집념 그의 가슴 까맣게 태우고 있었네
내 몸도 그 짝사랑 아픔으로 멍들고 말았네
이 세상에 돌아온 지 한나절이 지난 지금 퍼어런 내 가슴은
한 번씩 쓸어 주는 내 손 밑에서 아직도 흐느낌을 멈추지 못하네

너랑 가까이 만나기 위해
나는 육신을 이렇게 멀리 왔는데
너는 나 살짝 살짝만 만나겠다 하니
오갈데 없는 나 그냥
주저앉아 울고 싶구나

어려운 한마디

나는 그게 싫다
몸은 세상에 그대로 두고
목만 내 앞에 쑥— 내밀은 그 모습
그것 정말 못 견디게 싫다

말로는 날 보고 아버지라 하며
네 모든 것 주관하는 하나님이라지만
길 끊긴 세상에 네 몸은 놔두고
귀만 열어 내 말 듣겠다는 아들아 !

가까이 오렴
다가와 앉아 보렴

너랑 가까이서 만나기 위해
나는 육신으로 이렇게 멀―리 왔는데
너는 나 살짝만 살짝만 만나겠다 하니
오갈 데 없는 나 그냥 주저앉아 울고 싶구나

이리 오렴
다가와 보렴

가던 네 길 어느 날 갑자기 사라져 버려
네 손 내 옷자락 잡긴 잡았지만
네 몸은 아직도 세상 길을 달리고 싶어해
서럽던 나 오늘도 마침내 울음을 터뜨린다

옛날 옛날 네 영혼 나와 함께 저 하늘 살 적에는
너 언제나 언제나 내 안에 있어
나 무언가 네게 말하려 하면
너는 쪼르륵 쪼르륵 온몸으로 달려왔지

그렇게 오렴
그러게 오렴

너를 이렇게 불러 세운 것은
그 동안 미안했단 말 듣자는 그것 아니니
사랑하는 아들아,
이제는 세상에 펼쳤던 네 육신 보따리 모두 거두어
네 영혼 손에 들려 내게 올 수 없겠니?

조금으론 안돼
사십년 무르익은 내 짝사랑 이야기
너의 부분 그 조금에 모두 담기엔
그 용량 턱도 없이 턱도 없이 부족하니까

앞으로 펼칠 널 향한 내 계획도
네 그 곳에 넉넉히 담을 수 있도록
사랑하는 아들아 !
너의 전부로 바—삭 다가와 내 앞에 앉으렴

할 수 있는 한가지

지난 며칠간은 하나님께 할 말이 참으로 많았지요
내 속에서 '나'라는 존재가 싱싱히 살아
그의 의견을 거침없이 붊어댔던 것이지요

이 세상에서 예수님을 만난 행운은 고마웠지만
예순미 때문에 손해보는 것 생각하며 속상해 했어요
나를 아프게 한 이 사람 저 사람 들먹이며
하나님께 한참 동안 불평을 말했어요

하나님은 다 듣고 나신 후 이렇게 말씀하셨어요
"그 모든 것은 내가 한 일이다
그것이 너의 구원가 붙어 있는 네 몫의 십자가인데
그래, 무엇이 잘못되었느냐?"

청천벽력 같은 말씀이었으나
나는 아무런 항번의 말을 할 수 없엇어요
늘 진실하신 내 아버지의 말씀이라서요

저의 입은 꼭 다물어졌어요
고개도 들 수 없었지요
저의 구원에 대해 잠시 잊었었거든요

구원의 이야기만 나오면 저는 아무런 말할 수가 없어요
저의 생명에 관한 이야기이니가요
그것과 십자가가 붙어 있는 것이라면 당연히 제 것이니까요

마음을 바꾸었어요
저의 구운을 감사하고 저의 그 십자가를 ㄱ마사했지요
감사하다 보니 눈물이 났어요
작아져 가는 내 속의 '나'를 바라보며 한참을 울었어요

그렇지요 !
감사와 순종 !
오직 이것만이 이 세상에서 제가 할 수 있는 유일한 일 아니겠어요

내 강은 언제나 잔잔해 질까
강줄기 돌고돌아 내길을 찾았는데

나 (1)

내 깅은 인제나 진진해질가
강줄기 돌고 돌아 내길은 찾았는데
아직도 시퍼런 죄악의 물고기
구비 구비 돌 때마다 펄떡거린다

사랑으로 묶으신 이 세상 질서
그 속의 내 자리 두 눈에 보이나
이기심의 물고기 용트림 할 때마다
나는 아직도 밖에서 서성인다

내게 보내 주신 주님의 천사들
사랑의 실체로 바로 보지 못하고
세상의 그림자만 바라보는 나의 교만
이러다 어떻게 주님 얼굴 뵐까

나의 신분을 벗게 하신 주님

쉬지 않고 내 몸을 열어 주시나
강 위에 떠다니는 부초로 인해
깊은 내 밑을 바로 보지 못한다

바다 고향 가기 전에 씻겨야 할 내 강
그래서 주님 소매 걷은 두 팔로
내 강에 오시었나

오늘 두꺼운 성경으로 내게 오신 주님 앞에
단호한 마음으로 마주앉아
부끄러운 내 모습 낱낱이 고한다

행복한 실종

주님, 제가 좀 뻔뻔하지요?
그렇지만 어떻게 해요
사실이 그런걸

그날 그 어둠 속에서 주님 등 내밀며 타라 하실 때
그때 사실은 마음속 깊이에선 긴가민가했었지만
혹시 떨어질까 어쩔까 두런 마음에 망설임도 많았지만
주님 믿어 보고 싶은 마음 너무 많아서 두 눈 꼭 감고 올라앉았죠

어둠 속을 달리고 달려 나 살던 그 곳을 작별케 하실 때
날 향해 좇아오던 세상 정사 권세를 멀리 따돌리시며
내 몸 태운 주님 몸 하늘 향해 높이 높이 오를 때에도
솔직히 그때에도 죄의 물 내 몸 속에 여전히 흥건하여
떠나가는 그 고장에 미련 참 많았지요

쏜살같은 세월 천년인지 하루인지 이곳으로 옮겨와
지금 이 세상에 발을 옮겨 놓을 때도
내 몸에 죄 비늘 모두 떨어졌음을 미처 깨닫지 못했었는데
마씀 속에 내 몸을 넣어 보다가 내 옛모습 영원히 잃어 먹고 말았어요

40년 살았던 과거의 내 고장 기억이 없고
겹겹의 죄 비늘 나의 옛모습은 망각의 세월로 머얼리 머얼리
날아가 버렸는데
옛 친구 찾아와 옛날의 나에 대해 자꾸만 물어 보니
주님, 어떻게 해요
생각이 안 나는데

내 이 몸을 생각하면 너무나 염치없어
한 번쯤은 옛모습 찾아보고 싶었는데
전들 어떡해요
아주 가버린걸

주님, 제가 좀 뻔뻔한 건가요?
그렇지만 어떻게 해요
사실이 그런걸

골로새서 2:13~15을 묵상하며...

내 이름을 생각하면 너무나 염치없어
한번쯤 옛모습 찾아보고 싶었는데
전들 어떡해요
아주 가버린걸

주님, 제가 좀 뻔뻔한가요?
그렇지만 어떻게 해요
사실이 그런걸

재회

아득한 옛날 나 하나님과 함께 살았네
숲속을 다닐 때 날 지키던 그 눈빛과
험한 산길 오를 때 잡아 주던 그 손길을
오늘날 내가 기억할 수 있겠네

억만년 세월 지나 내 어머니 통해
이 몸 받아 세상에 다시 나온 후
지난 세월 이 사실을 까마득히 몰랐었네

내 영 밝혀 주는 성경 읽으며
세월을 거슬러 나의 근본 추적하다가
나의 뿌리 하나님을 만나게 되었네
나의 아버지를 다시 만났네

힘들게 힘들게 기억을 더듬어
이제야 제 집에 온 가여운 이 딸을
아버지는 눈물로 부둥겨안으시네
어쩔 줄 몰라 눈물만 흘리시네

내 마음엔 이제 평온의 강 흐르네
기쁨의 노래 마를 줄 모르네

이제는 아버지와 영원히 살겠네
정성으로 정성으로 모시고 살겠네

나 (2)

오늘 아침 하나님 앞에 앉아
나의 죄를 고백하며 몸부림칠 때
내 영혼은 저 멀리 봄날의 들판에서
바람 속의 주님과 다정히 거닐었네

고요하고 자그마한 나의 영혼은
주님따라 저절로 가고 있었네

죄투성이 내 자신을 들여다볼 때엔
내 얼굴은 온통 물바다였지만
내 영혼은 산등성이 바위 위에 앉아
주님과 대화하며 웃고 있었네

골고다의 귀한 피가 내 손을 적셨을 때
나도 이젠 그 곳으로 갈 수 있었네
반가이 맞으시는 주님 곁의 내 영혼 속으로
나도 모르게 빨려 들고 있었네

밝아지는 내 시력

이 세상은 깊은 세상이라
나 앉은 이 자리에서 저기 저 흰 벽까지
내 눈에는 작은 빈 공간으로 보이지만
사실은 보이지 않는 것들로 밀도 있게 채워진 깊고 깊은 곳이라

하나님은 내 오른쪽 왼쪽 눈에 1.0과 0.8의 시력 주시어
내 육신 살기에 필요한 만큼만 볼 수 있게 하셨다
내 영혼 깊은 잠 깨어 주님 빛 아래서 이 세상 바라보니
감추어진 또 다른 세상이 밀도 있게 밀도 있게 자리하고 있었다
나 앉은 이곳에서 저어기 저 곳까지 아무렇게 놓여진 의자며 탁자며
그 위에 널부러진 책들까지도 하늘에서 공급받은 그 사실을 알게 되면서
그 세상은 내 좁은 공간 속에서 깊고 깊게 더 넓게 확장되어 갔다

매일매일 나의 일과는 이 세상에 차곡차곡 감추어진 의미를
캐내기 위해 나의 시력을 갈고 닦는 것이라
빛으로 오신 주님 만나 능력 입으면서 나의 시력은 날로날로 높아져 간다

세상 눈 어지럽히는 드러나 보이는 이 세상에 나 살지만
숨겨진 그 세상 문 열기 위해 성경 읽고 묵상하노라면
언제나 하나님은 나만을 위해
깊은 당신의 세상 열어 보여 주신다

이 세상은 가득은 세상이라
나 앉은 이 자리에서 저기 저 호벽까지
내 눈에는 작은 벼룩까지 보이지만
사 넓은 보이지 않는 것들로
필도 없게 채워진
길고 깊은 곳이란

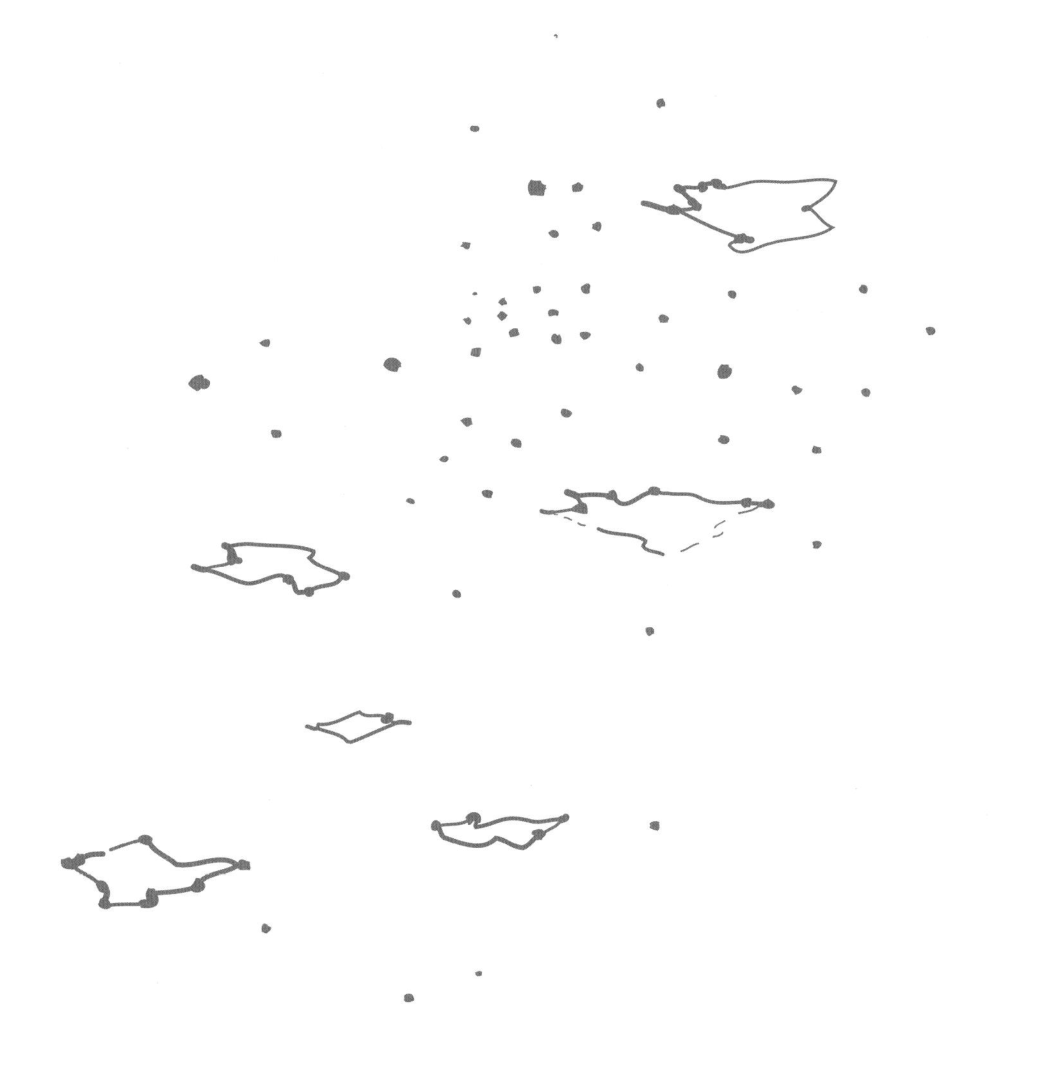

기도의 굴뚝

일천구백구십칠년 삼월 십이일
요한복음 묵상하다 거저 얻은 집
내 아버지 집에 거할 곳 많다 하시어
내 앞날 몰랐던 그날에
마음으로 일찍이 받아 놓았던 집

말씀 그래도 아버지의 집이라서
풀어야 할 살림 도구 높이 쌓여 있어도
아버지께 할 얘기 가슴에 넘쳐나서
두 눈 감고 무릎 꿇어 앉아야만 하는 집

집 주인 아저씨 이십년 간 이곳에 살면서
집사님 전도사님 그리고 마침내 목사님 되시었고
이제부턴 세상 살림 줄이리라 굳은 마음 먹으시어
서운함에 울먹이는 마음으로 우리에게 내어 준 집
세상 냄새 삭아 버린 알맞게 나이 든 아름다운 집

어제 저녁, 부엌의 힘있는 환풍기 소리를 돋고 있다가
음식 냄새 흠—뻑 들이키는 그 기계 속으로 빨려 들어가
지붕 위로 솟아 있는 굴뚝 끝으로 단숨에 밀려 나와 버렸는데
그 곳에서 또 하나의 이상한 굴뚝을 발견하게 되었네

'기도의 굴뚝'이라 불리는 그 굴뚝
이 집 안방 천정 한가운데로부터
내 아버지 앉아 계신 하늘의 바로 그 자리에까지
곧게 뻗어 있는 튼튼한 굴뚝

이십년 간 이 집에서 차곡차곡 먹으시어
마침내 하나님 일꾼 된 집 주인 아저씨완 경우가 달라
우리 식구 이 집에서 그리 오래 살 수 없다는 걸
하나님은 꼬옥 꼬옥 기억하고 계실 테지

집안 냄새 뿜어 내는 낮다란 굴뚝 옆에
하늘로 뻗어 있는 곧고 굳은 기도 굴뚝
집 주인 목사님 뻥—뚫어 놓은 그 굴뚝 통로따라
이제는 안방의 내 기도가 쑥쑥 빨려 오를 테니
아! 내 아버지 이 집에서 나의 큰 소망들을 꼬옥 꼬옥 잡으리라

오늘을 몰랐던 석 달 전 그날에
말씀으로 주시었던 당신의 이 집에서
나는 '많이 기도하리라!' 커다란 커다란 욕심을 낸다

기도의 굴뚝이라
불리는 그 굴뚝
이젠 안방
천장 한가운데로부터

내아버지 앉아계신
하늘의 별들 그자리에까지
곧게 뻗어있는
튼튼한 그 굴뚝

그게 흠이다

그게 흠이다
그게 정말 흠이다

하나님 아들딸들 너무 사랑하시어
그의 생명 일지기 모두 다 줘 버린 게

그가 지녀왔던 마지막 카드
영원한 그리스도 나사렛 예수
오늘, 그의 주머니에 아직 있었더라면
당신 저토록 울지 않아도 됐을 것을

세상에다 부어 버린 당신의 생명
인생으로 왔던 그 아들 예수

그러나 많은 이생 그것을 믿지 못해
하나님 저토록 앓고 있는 거다
물릴 수도 없는 갈보리 십자가
그래서 저 마음 새까맣게 타고 있는 거다

태초부터 시작된 인생 향한 짝사랑
그 아들만 만져 본 숯 검덩이 그의 가슴

오늘, 영생의 밖 당신의 인생들 위해
꺼낼 것 더 없는 그의 빈 주머니
그래서 그들은 영멸로만 가야 해
그 사실로 저 아비는 저리 애가 탄다

아는 이는 아는 완전한 그의 사랑
예수 통해 이루어진 명쾌한 그의 구원
그래서 난 그를 위로할 어떤 말도 못 찾아
오늘, 그 구원을 바라보며 흠잡아 보는 거다

영멸의 길 자식 땜에 저토록 아비가 아파도
그들 구할 어떤 것 이제 남은 거 없다는 것
그게 흠이다
정말 정말, 커다란 흠이다

히브리서 1:2, 2:1을 묵상하며...

태초부터 시작된 인생향한짝사랑
그이들만 만져볼 수 걸덩이 그의 가슴

시편 23

그게 흠이다
보셔요
난 주님의 둘도 없는 딸이랍니다

아는 말도 엄마 아빠 몇 마디론
그 분만이 내 모두이신
그렇게 작은 딸이랍니다

세상 나이 마흔 두 살
두 딸의 엄마

가던 길로 치자면 인생의 중간지점 훨씬 넘어섰고
육신으로 따져 봐도
팔팔한 젊음은 보내고 왔지요

그럼에도 난, 주님의작은 딸이랍니다

비 내리는 늦가을 진흙탕 속에
큰 장화에 몸을 담고 철푸덕거리다
따끈한 목욕물에 온 몸을 담근
두어살은 될까요
바로 그 아이가 나랍니다

겨울 날 엄마 무릎 낮잠을 잘 때
꿈 속의 괴물 피해 달리고 달리다
푸근한 엄마 가슴 얼굴 묻고 울고마는
나는 그런 어린 아이랍니다

세상에선 아줌마
그러나 영원한 아이

걱정근심 두려움 없던
엄마 그늘 그 어린 시절 찾아 헤메다가
나는 주님의 어린 딸로 돌아 왔습니다

이 세상의 그 어떤 것들
함부로 내게 다가 올 수 없도록 영원한 내 우산 주님 안에 다시 살게 된

보셔요,
나는 주님의 작은 딸이랍니다

은혜라

은혜요
은혜요
은혜라
은혜라

해가 은혜요
달이 은혜요
바람이 은혜요
먹구름이 은혜요

기쁨이 은혜요
슬픔이 은혜요
서러움이 은혜요
눈물은 더 은혜라

어제가 은혜요
오늘도 은혜요
내일도 은혜요
영원은 큰 은혜요

그가 은혜요
내가 은혜요
우리 긱긱 은혜라

그 됨됨이 은혜요
내 됨됨이 은혜요
질그릇 속 담긴 그것 은혜라

그 인생이 은혜요
내 인생이 은혜요
우리 인생 송두리째 은혜라

내 영혼 큰 은혜라
진리의 강 은혜라
내 주 예수 크고 큰 은혜라

은혜라
은혜라
하늘 아래 모든 것 다 그의 은혜라

아버지, 내가 왔어요

아버지, 내가 왔어요
아버지, 내가 왔어요
아버지, 내가 왔어요

더 이상 나 홀로는 버틸 수 없어
병든 몸을 이끌고 아버지께 왔어요

아버지, 돌아 왔어요
아버지, 돌아 왔어요

헌데로 범벅된 딸 하나 걸리고
구더기 난 등짝에 어린 것 들쳐 업고
내 아버지 받아 주실 것 그것 하나 믿고
살 길을 찾아 내가 돌아왔어요

아버지, 내가 정말 왔어요
아버지, 내가 정말 왔어요

당신의 명치끝을 그리도 도리던
집 나갔던 내가 지금 돌아왔어요
세상에서 얻은 병든 두 딸 살리고파
내 고향집에 아주 돌아왔어요

아버지, 내가 왔어요
아버지, 내가 왔어요
아버지, 내가 정말 왔어요

예수! 능력의 이름!

예수 !
그 이름의 권세!

'예수님 이름으로 기도 드립니다 !'
이 말로서 나의 기도를 마칠 때마다
나는 두 눈으로 확실히 본다
나의 기도 세상 뚫고 하늘로 오름을

세상 권세 언제나 나를 헤치려고
내 주위를 맴돌며 성가시게 굴어도
기도하는 그 시간엔 감히 내게 다가오지 못하고
멀찌감치 비켜서서 바라만 본다

그러나 그들에겐 도 하나 소망이 있어
'혹시나 예수 이름 빼먹고 기도하지 않을까 ?'
하늘의 일 가로챌 검은 음모 꾸미지만
나는 늘 예수의 이름으로 내 기도를 묶어 보내
마침내 무너지는 그들 모습 건너다 본다

예수 !
능력의 그 이름 !

매년 시월일일 대한민국 자랑스런 국군의 날
서울의 가을 하늘 높고 푸른 창공 위로
한 쌍의 비행기 오색 줄을 그으며 높이 날아오르듯이
예수의 이름 속에 담겨진 나의 기도
세상을 가르며 위로곧장 올라가면
나는 하늘 위에 남겨진 아름다운 흔적을 바라보며
예수 ! 그 능력의 이름을 찬양하곤 한다

아침마다 내 소망을 가득가득 태우고
벌벌 떠는 세상 속을 볼나 듯이 날아가는
예수 ! 그 이름의 능력이 너무나 멋져
어떤 날엔 나 이 말을 몇번씩 몇번씩 되풀이한다

'나사렛 예수의 이름으로 기도 드립니다 !'
'나사렛 예수의 이름으로 기도 드립니다 !'
'나사렛 예수의 이름으로 기도 드립니다 !'

사랑하는 자는 약자다

사랑하는 자는 약자다
사랑하므로 약자다
사랑하는 자는 약자다
그 사랑만큼 약자다

나를 찾아 먼 길 오신 아버지
죄의 깊숙한 그 골짜기까지
차마 고개 숙인 나 묻는 말
'아버지 ! 어쩌자고 또 여기까지 오셨어요?'

몇 백 번 째 이었던가 ?
나 눈뜨고 배운 것 죄의 짓 뿐이라
버릇 못 버려 집 떠났던 일이

이 세상의 근본 되신 내 아버지
우주 만물들이 경배하는 내 아버지
그러나 내게는 약하고 약한 분

아버지 다라 돌아가는 길
더러워진 몸 씻고 다시 가는 내 집

사랑하는 자는 약자다
사랑하므로 약장리 수밖에 없다
쏟는 그 사랑만큼 약자인 것이다

오늘 내 앞서 걸으시는 아버지를 따라가며
질긴 그의 사랑에 목이 메인다

사랑하는자는 약자다
사랑하므로 약자다
사랑하는 자는 약자다
그 사랑 만큼 약자다

용서

너를 용서한다

먼 세월 훌쩍 넘어
영원으로 건너가
내 그 곳에 얼룩진
네 죄의 자국을
말끔히 씻어 낸다
내가 너를 용서한다

너를 용서한다
내 생명 되살린다

동토의 그 땅을 용서로 일궈
호흡이 살아난 내 아버지 땅으로
나 그렇게,
그렇게 확장된다

너를 용서한다
진정, 너를 용서한다

기도함이

기도하면 내가 보인다

죄 속에 우뚝 선
죄 속에 꿋꿋이 선

기도하면 내가 보인다
기도하면 나를 본다

죄에 속임 당한
죄에 농락 당한

기도하면 나를 본다
기도하면 회복된다

영원한 기도
그 땅에서

갈보리 십자가
바로 그 언덕에서

기도하면 회복된다
기도하면 살아난다
기도하면 내가 살아난다

123

족보

네가 이 세상을 겁낼 것 없는 것은
너의 족보가 이러함 때문이라

아담이요
노아요
셈이요
아브라함이요
이삭이요
야곱이요
다윗이요
예수요
그리고 너

하늘에 하나님 너를 만들어
이 혈통 태워 이 땅에 보냈을 때
딸아
모든 이김이 그 속에 있었느니라

아담 할아버지 죄를 먹었어도
노아 할아버지로 우리 다시 어어졌고
아브라함 할아버지 뒤늦은 득남으로
우리 혈통은 맥을 이었지

야곱할아버지 그 꾀는 닮지 말거라
그러나 마침내 다듬어진 그 분
이름도 이스라엘로 바뀌었다더라

하나님 사랑한 네 다윗할아버지
수십 편의 시가 성경에 실려 있다
두고두고 이생들의 영혼을 울리는
그 시는 불멸의 명작이란다

우리를 아주 살린 예수 그분
우리의 바로 윗대 어린이시지
갈보리 십자가에 오르기 위해
하나님이 특별히 보내셨다더라

예수 그 분 애긴 이 지면이 너무 작다
그러나 꼭 한가지 알아야 할 것
바로 그 분이 복음이시다
너와 나를 영원에 다시 올리신
은혜의 그 복음이시란다

딸아,
네 조상 믿음의 이 할아버지들
가슴에 꼬오옥 넣고 잊지 말거라
세상 살 때 큰 무기가 될 것임이라
너와 나 이미 이 세상을 이겼다 함은
우리 족보 바로 이러함 때문이라

내 인생의 그림

먼― 훗날 내 혼 영생의 훈훈한 거실에 앉아
벽에 걸린 한 폭의 내 인생 그 그림을 바라보며
오늘의 내 모습 회상할 일 생각하면

떨려!
설레임에 정말 떨려!

인사동의 화랑가 벽마다 걸려 있는 많은 그림 중
어떤 것이 내 인생의 그림 될지 아직 나는 모르지만
지금 내가 자신 있게 말할 오직 하나는 아름다운 각 그림들
그 속에 밝음 어우러져 있음이라.

오늘 어둔 그늘 내 몸을 이리 나지막이 덮어도
내 영혼 이렇게 노래하며 감사할 수 있는 것은
잔잔한 아픔 엷게 번진 이 어둔 빛깔
장차 완성될 내 인생의 그 그림 속에서
멋진 조화 이루어 낼 것 잘 알고 있음이라.

옛날 내 인생의 그림 내가 그려야 하는 줄 알고 있을 때에는
수인공 나 인제니 오 어아 좋은 줄만 알아서
내 얼굴 일그러진 상황 맞아 어쩔 줄 모를 때면
나는 엉망된 화선지 두 손으로 꾸겨 쥐고
깊은 실망의 늪 헤메이곤 했지.

이제 난 내 그림 그려 가는 주인을 알아
내 인생의 모든 색깔 무엇이나 좋아해.
빨강 파랑 노랑 초록 그리고 흰색 검정색
온갖 색깔 모두 섞어 최고 그림 그려내는
…한 내 조물주 그 분의 솜씨 확실히 믿으니까

어제 오늘 그리고 내일로 이어지는 내 작은 인생의 그 그림이
베레모 쓴 멋진 화가 내 하나님 그 큰 손 아래에서
지금도 아름답게 그려지고 있다는 그 생각을 하면

아—! 떨려 !
설레임에 내 몸은 정말 떨려 !